Théo
Chloé
Alizée
ESTHER
ERIC
Eldridge
Gustin
Diane
Marine
Lauriène
Baptiste
Axel
SAMY
Victor
Camille
Axelle
olivier
ALEXIA
Julie
Jonathan
ARTHUR
JEREMY
Barthélémy
HuGO

CHEZ TOI EN FRANCE

Geneviève Brame

Béatrice Tollu

HACHETTE Jeunesse

« D'OÙ SUIS-JE ? JE SUIS DE MON ENFANCE. JE SUIS DE MON ENFANCE COMME D'UN PAYS. »

Antoine de Saint-Exupéry,
Pilote de Guerre,

Alors qu'il faut aujourd'hui un peu plus de six mois pour qu'un enfant de six ans assimile la mécanique de la lecture et de l'écriture, l'homme a mis plus de trois millions d'années pour enrichir la civilisation de l'image : pour apprendre à écrire, et donc à lire. Et s'il a su progressivement donner à l'enfance un pays — dans les pays où l'enfance a le droit d'exister — c'est qu'il a su lui donner ainsi l'inaliénable pouvoir de l'écrit. Les enfants ont alors acquis la liberté d'expression de leurs rêves, de leurs souvenirs, de leurs sentiments, de leurs révoltes et de leurs espérances.

Chez toi en France est en fait une longue lettre, très illustrée, un regard poétique timbré d'un sourire coloré : il adresse et dédicace le visage de la France à tous les enfants du monde, à tous ceux qui ont rêvé de dire un jour à l'ami de passage, en pensant au petit prince de Saint-Exupéry : « S'il te plaît, dessine-moi, écris-moi la France. »

Direction de la Communication de La Poste

Sommaire

Nous remercions
Syntexte, Nicole Colas des Francs, J. Brinton Rowdybush, Dominique Pécout,
le Service national des timbres-poste et de la philatélie, le Musée de La Poste,
les artistes qui nous ont permis de reproduire leur timbre,
les enseignants et les enfants qui ont répondu
à l'enquête préparatoire de *Chez toi en France.*

Dessine-moi la France

« La France n'est
ni ronde ni carrée. Elle est entourée
par 4 mers, 4 montagnes
et 6 pays. »
Édouard 12 ans

"FRANCE IS NEITHER ROUND NOR SQUARE.
IT IS SURROUNDED BY 4 SEAS,
4 MOUNTAINS AND 6 COUNTRIES."

La France ... du monde

FRANCE IS ONE NATION. THE FRENCH SHARE A COMMON TERRITORY, LANGUAGE, HISTORY.

Il y a une parcelle de France aux quatre coins du monde, même dans les glaces de l'Antarctique, au Pôle Sud, où vivent quelques scientifiques et militaires. Les autres terres d'Outre-Mer sont la Martinique, la Guadeloupe, la Guyane, la Réunion, la Nouvelle-Calédonie, la Polynésie française, Tahiti ainsi que Saint-Pierre-et-Miquelon, Wallis-et-Futuna, et Mayotte...

La France est une nation : les Français partagent un territoire, une langue, une histoire, une patrie.

372 000 km²
127,1 millions d'habitants

244 000 km²
60 millions d'habitants

301 000 km²
57,8 millions d'habitants

544 000 km²
62 millions d'habitants

La France est 17 fois plus petite que les États-Unis, et 13 fois plus grande que la Suisse.

Plus de 100 nationalités différentes cohabitent en France. Elle compte environ 62 millions d'habitants, soit presque la même population que le Royaume-Uni ou l'Italie

9 372 000 km²
284,5 millions d'habitants

41 300 km²
7,2 millions d'habitants

7 650 000 km²
19,4 millions d'habitants

THE SURFACE AREA OF FRANCE COVERS 544 000 KM². THERE ARE 62 MILLION INHABITANTS.

Ain	01
Aisne	02
Allier	03
Alpes de Haute-Provence	04
Alpes (Hautes)	05
Alpes-Maritimes	06
Ardèche	07
Ardennes	08
Ariège	09
Aube	10
Aude	11
Aveyron	12
Bouches-du-Rhône	13
Calvados	14
Cantal	15
Charente	16
Charente-Maritime	17
Cher	18
Corrèze	19
Corse du Sud	2A
Corse (Haute)	2B
Côte-d'Or	21
Côtes-d'Armor	22
Creuse	23
Dordogne	24
Doubs	25
Drôme	26
Eure	27
Eure-et-Loir	28
Finistère	29
Gard	30
Garonne (Haute)	31
Gers	32
Gironde	33
Hérault	34
Ille-et-Vilaine	35
Indre	36
Indre-et-Loire	37
Isère	38
Jura	39
Landes	40
Loir-et-Cher	41
Loire	42
Loire (Haute)	43
Loire-Atlantique	44
Loiret	45
Lot	46
Lot-et-Garonne	47
Lozère	48
Maine-et-Loire	49
Manche	50
Marne	51
Marne (Haute)	52
Mayenne	53
Meurthe-et-Moselle	54
Meuse	55
Morbihan	56
Moselle	57
Nièvre	58
Nord	59
Oise	60
Orne	61
Pas-de-Calais	62
Puy-de-Dôme	63
Pyrénées-Atlantiques	64
Pyrénées (Hautes)	65
Pyrénées-Orientales	66
Rhin (Bas)	67
Rhin (Haut)	68
Rhône	69
Saône (Haute)	70
Saône-et-Loire	71
Sarthe	72
Savoie	73
Savoie (Haute)	74
Seine-Maritime	76
Sèvres (Deux)	79
Somme	80
Tarn	81
Tarn-et-Garonne	82
Var	83
Vaucluse	84
Vendée	85
Vienne	86
Vienne (Haute)	87
Vosges	88
Yonne	89
Belfort (Territoire de)	90
Île-de-France	
Essonne	91
Hauts-de-Seine	92
Paris (ville de)	75
Seine-et-Marne	77
Seine-Saint-Denis	93
Val-de-Marne	94
Val-d'Oise	95
Yvelines	78

Vue d'avion, « la France n'est ni ronde ni carrée », on dit que c'est un « hexagone ».

La France métropolitaine

Elle est située dans l'hémisphère nord. Pays occidental, le soleil se lève à l'Est et se couche à l'Ouest. Ce puzzle géant compte 22 morceaux : les 22 régions. La plus grande ville est la capitale régionale.

SEEN FROM AN AIRPLANE, "FRANCE IS NEITHER ROUND, NOR SQUARE". WE CALL IT THE "HEXAGONE".

96 départements

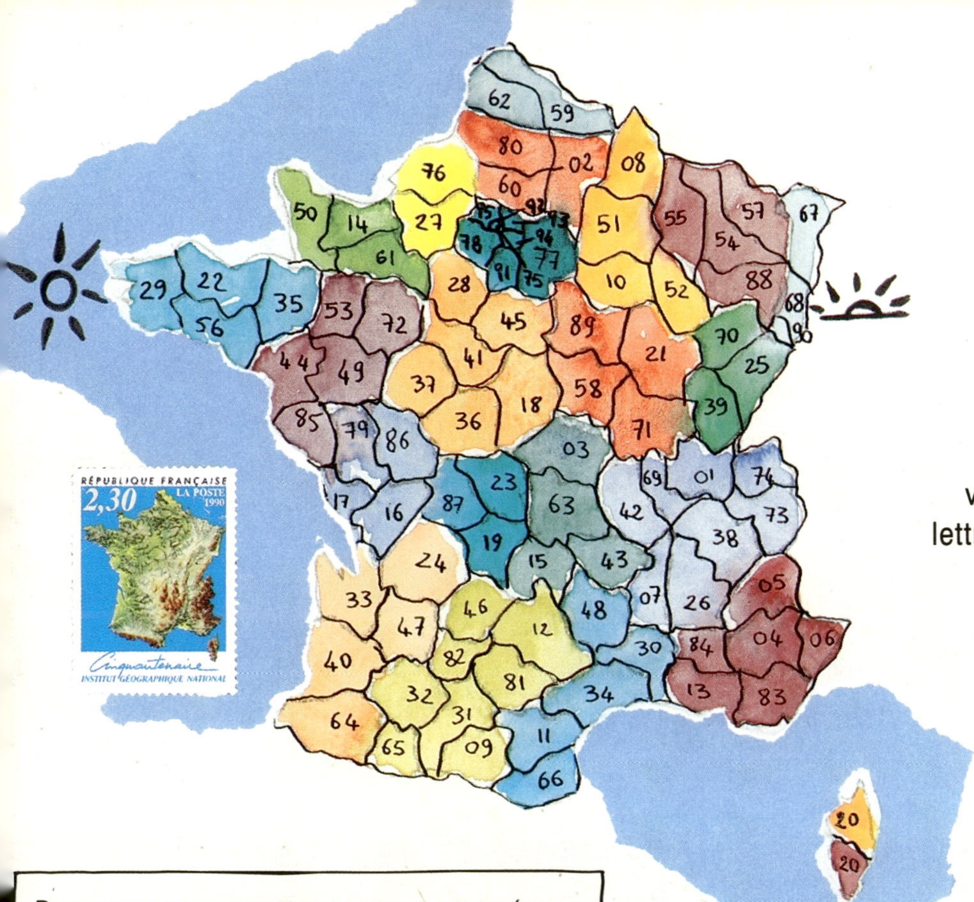

Les départements sont numérotés par ordre alphabétique (sauf ceux d'Île-de-France et du Territoire de Belfort). Ces chiffres se retrouvent sur les plaques d'immatriculation des voitures (numéro minéralogique) et sur les lettres distribuées par la poste (code postal).

Il y a un siècle, on apprenait à l'école que la France avait 4 filles : la Seine, la Loire, la Garonne et la Meuse, et 2 garçons : le Rhône et le Rhin. Ce sont les grands fleuves qui arrosent le pays. Elle a aussi des montagnes : les Pyrénées, le Massif Central, les Vosges, le Jura et les Alpes dont le mont Blanc culmine à 4 808 mètres.

DEPARTMENTS ARE NUMBERED ALPHABETICALLY (EXCEPT FOR THOSE OF THE "ILE-DE-FRANCE" AND "TERRITOIRE DE BELFORT"). THESE NUMBERS ARE FOUND ON LICENSE PLATES AND CORRESPOND TO THE POSTAL CODES.

Un mot d'histoire

L'histoire de la France a été mouvementée : des monuments, musées... et livres en témoignent. Au cours des siècles, les guerres et la découverte d'autres continents ont modifié ses frontières au gré de défaites et de conquêtes. Le pays fut gouverné par des rois jusqu'à la Révolution de 1789. Le peuple imposa petit à petit les grands principes de la République : Liberté, égalité, fraternité. La déclaration des Droits de l'Homme et du Citoyen permit alors d'écrire la Constitution, le « grand livre » des droits et libertés des Français.

Le Soleil, emblème du Roi Louis XIV.

L'état est laïque, chacun est libre de ses opinions, dans le respect de l'autre. Le peuple élit ses représentants, c'est une démocratie. Aujourd'hui, le Président de la République, Chef de l'État élu pour 5 ans, dirige le pays avec le Premier Ministre entouré de son Gouvernement. Il veille au respect de la Constitution de la Ve République et préside le Conseil des ministres chaque mercredi, au palais de l'Élysée, sa résidence officielle.

Art. 2 de la Constitution de 1958

« Elle assure l'égalité devant la loi de tous les citoyens sans distinction d'origine, de race, ou de religion. »

French history has been a turbulent one, as seen through castles, museums and books. Todays, the President of the Republic, who is the Head of State, is elected for 5 years. He leads the country with the Prime Minister and the Governement.

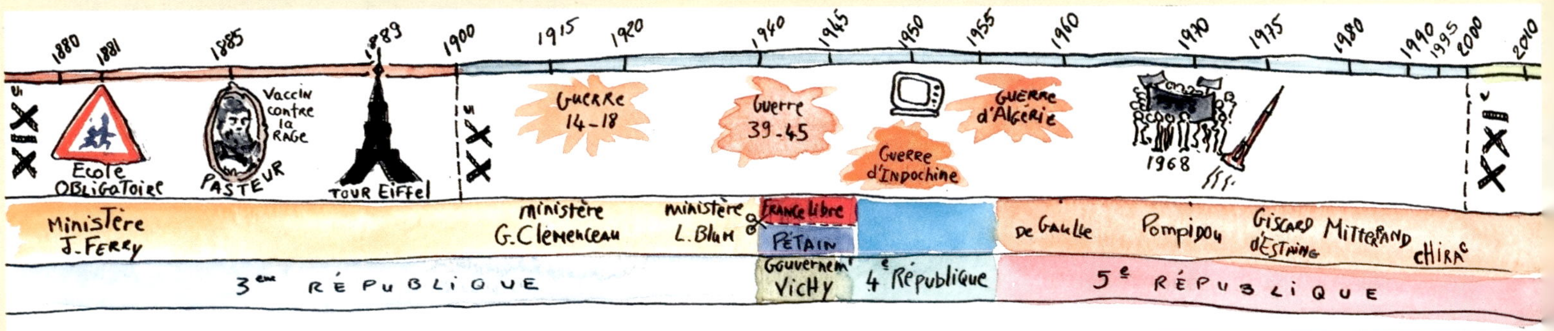

Les Symboles de la France

Le drapeau bleu, blanc, rouge

Les lettres « RF »
République Française

La devise
« Liberté, Égalité, Fraternité »

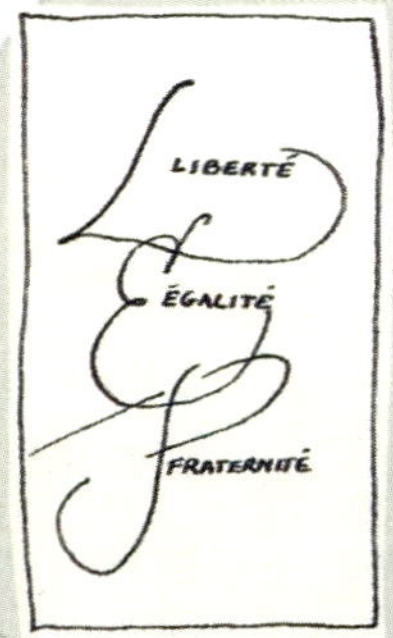

La Marseillaise
est l'hymne national.

Le 14 juillet est jour de fête nationale en souvenir de la prise de la Bastille (14 juillet 1789).

Marianne, symbole de la République, a son buste dans les mairies et son effigie sur les timbres-poste.

La monnaie est l'euro.

Le coq est un emblème français : gallus, en latin, signifie « coq » et « gaulois » car la France est l'ancienne Gaule. Le coq domine d'ailleurs tous les clochers de France. Il est l'insigne officiel des sportifs français lors d'épreuves internationales. À la campagne, il est aussi le réveille-matin dès le lever du jour.

Français mais aussi Européens

En 1957, à l'initiative de Jean Monnet, la France fonde avec l'Allemagne, la Belgique, l'Italie, le Luxembourg et les Pays-Bas, la Communauté Économique Européenne pour créer un Marché commun.

L'Europe des 6 devient, en 1995, l'Europe des 15 avec l'entrée du Danemark, de la Grande-Bretagne et de l'Irlande, puis de la Grèce suivie de l'Espagne et du Portugal, et enfin de l'Autriche, de la Finlande et de la Suède.

L'Union Européenne compte désormais 3 300 000 km^2 et 376 millions d'habitants. Les chefs d'État et de gouvernement des pays membres se réunissent régulièrement pour prendre des décisions politiques et économiques communes.

Les habitants des pays membres, « citoyens européens » peuvent circuler librement et ainsi vivre, travailler ou étudier dans le pays européen de leur choix.

Le Conseil de l'Europe est une autre organisation créée en 1949, qui réunit plus de 40 pays pour défendre les droits de l'homme et tenter de construire la paix dans le monde.

In 1957, following the initiative of Jean Monnet, France, along with Germany, Belgium, Italy, Luxembourg and Holland, founded the European Economic Community in order to create a common market.
In 1995, the original Europe of 6 became 15.
The European Union now represents 370 million inhabitants and covers 3 300 000 km^2.

Les symboles de l'union européenne

L'euro est la monnaie des Européens.

Quel que soit le nombre de pays membres de l'Union, **le drapeau** bleu azur garde ses 12 étoiles d'or (12 est le nombre de l'harmonie). Il a été choisi par le Conseil de l'Europe.

Le passeport « Communauté européenne » Il porte pour les Français la mention « République française ».

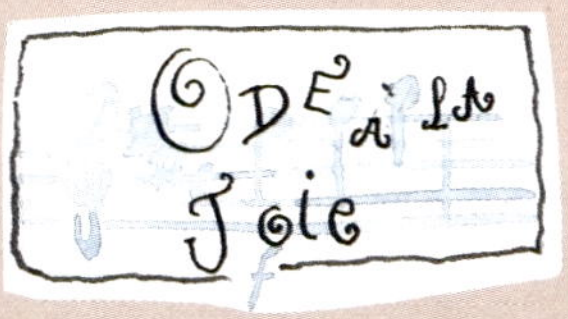

L'hymne européen est l'Ode à la Joie de Beethoven.

La Journée de l'Europe est le 9 mai.

Le palais de l'Europe à Strasbourg est le siège du Conseil de l'Europe et du Parlement européen.

Villes et villages

Les communes

On compte plus de 36 778 communes de toutes tailles. Il y a la France des villages ruraux (31 998 ont moins de 2000 habitants), et celle des grandes villes (37 ont plus de 100 000 habitants). Le maire, élu par les habitants pour 6 ans, et le conseil municipal gèrent les affaires de la commune appelée aussi municipalité : l'école, la santé, l'aide aux personnes en difficulté, les loisirs, la police...

C'est à la mairie (ou hôtel de ville) que se trouve le bureau d'état civil où sont déclarés tous les événements de la vie : naissance, mariage, divorce, décès. On y demande tous les « papiers » tels que carte d'identité, passeport, fiche d'état civil, extrait de naissance...

THERE ARE MORE THAN 36778 MUNICIPALITIES OF ALL SIZES. THE MUNICIPAL COUNCIL, ELECTED FOR 6 YEARS, AND THE MAYOR, ADMINISTER THE AFFAIRS OF THEIR MUNICIPALITY, SUCH AS SCHOOLS, HEALTH AND SOCIAL WELFARE, LEISURE ACTIVITIES, POLICIES.

Dès 18 ans, âge de la majorité, c'est à la mairie de son domicile qu'il faut s'inscrire pour voter. Les élections ont toujours lieu le dimanche.

On compte deux tendances politiques : la Droite et la Gauche. Ces notions sont apparues à la Révolution française, les partisans du roi étant assis à la droite du président de l'assemblée et les opposants à sa gauche. Depuis, d'autres tendances se sont développées, par exemple l'écologie.

Conseil municipal junior

Les enfants ont des idées pour améliorer la qualité de vie de leur commune. Des villes ont décidé de prendre leur avis en créant un conseil municipal de jeunes. Élus par leurs camarades de classe, ils se réunissent 2 fois par an, et discutent avec sérieux de projets utiles à tous les citoyens. De même est élu un Parlement des enfants : 577 députés d'un jour !

Les paysages

Ils sont divers et variés : villes, villages, campagne, forêt, fleuves, mer et montagne ; on peut y ajouter, selon la saison, du soleil, de la pluie et parfois de la neige l'hiver, des fruits et des fleurs, des animaux et des oiseaux, soit un pittoresque album de cartes postales qu'on aime envoyer ou collectionner.

THE LANDSCAPE IS DIVERSE AND VARIED, AS ARE THE TOWNS, VILLAGES, COUNTRYSIDE, FORESTS, RIVERS, SEAS AND MOUNTAINS. ACCORDING TO THE SEASONS, FRANCE HAS SUNSHINE, RAIN AND WINTER SNOW, FRUITS AND FLOWERS, ANIMALS AND BIRDS.
PEOPLE VARY IN SKIN COLOR AND PHYSICAL TRAITS, AS DO THEIR CUSTOMS.

Pays de tradition catholique, on compte en France au moins 87 cathédrales et des milliers d'églises.

D'autres religions y ont aussi leurs lieux de culte : mosquées, synagogues ou temples.

Une terre d'accueil

Au fil des siècles, la France a accueilli des étrangers. C'est pourquoi les visages sont multiples de même que les silhouettes, les profils, la couleur des yeux, des cheveux ou de la peau, les coutumes aussi. Quel que soit son lieu de vie, chacun reste attaché à sa région ou à son pays d'enfance.

L'histoire et la géographie se lisent aussi sur les visages et les paysages.

Les plus grandes villes

Chanson de la Seine

(...) Elle se la coule douce
Le jour comme la nuit
Et s'en va vers Le Havre
Et s'en va vers la mer
En passant comme un rêve
Au milieu des mystères,
Des misères de Paris.

Jacques Prévert,
Aubervilliers, in *Spectacle*,
Gallimard, 1949.

Il était une fois des hommes qui choisirent d'habiter au bord des fleuves pour avoir de l'eau, peut-être des poissons et des moyens de communication. Les premières maisons de Paris furent construites entre les bras de la Seine, sur l'île de la Cité, celles de Lyon sur les rives du Rhône et de la Saône, celles de Toulouse sur les bords de la Garonne.

Marseille, (seconde plus grande ville et premier port français), Bordeaux, Nantes, Nice, Le Havre, Brest... choisirent de s'installer au bord de la mer pour y créer un port. Cette position est idéale pour développer des activités industrielles, commerciales ou touristiques.

MARSEILLE

D'autres encore ont préféré construire leurs villes près des frontières, comme Lille, Perpignan et Strasbourg, aujourd'hui capitale de l'Europe.

Villes jumelées

Afin de tisser des liens d'amitié et d'échanges entre les populations, de nombreuses communes de France ont leur ville jumelle en Europe ou dans le monde.

ONCE UPON A TIME, PEOPLE DECIDED TO SETTLE BY RIVERS IN ORDER TO HAVE ACCESS TO WATER, PERHAPS FISH AND FOR TRANSPORTATION. OTHERS CHOSE TO LIVE BY THE SEA AND CREATED PORTS. SOME PREFERRED TO BUILD TOWNS NEAR BORDERS.
TO ENHANCE FRIENDSHIP AND CULTURAL EXCHANGES, MANY FRENCH TOWNS ARE TWINNED WITH OTHERS AROUND THE WORLD.

Paris, la capitale

Paris a sa grande dame
La Tour Eiffel
Tricotée en fil de fer,(...)
Points à l'endroit, à l'envers,
Tour Eiffel
File jusqu'au ciel (...)

Jacques Charpentreau,
Paris des enfants,
l'École des Loisirs, 1983.

Quand Paris était petit, on l'appelait de son nom gaulois, Lutèce.
« Paris ne s'est pas construit en un jour » : la ville s'est agrandie en s'enroulant sur elle-même en 20 arrondissements.
On y trouve les ministères, le Parlement, les ambassades, les grandes banques, la Bourse...

Paris et les 7 départements voisins forment une grande couronne : la région Île-de-France, composée de villes riches, industrialisées ou ouvrières situées dans des banlieues plus défavorisées qui ont concentré les habitations dans des grands ensembles.
5 villes nouvelles ont été créées pour offrir espace et cadre de travail moderne en plus de logements moins chers qu'à Paris.

PARIS HAS A MAJESTIC LADY, THE EIFFEL TOWER.
IMPORTANT DECISIONS ARE MADE IN PARIS, WHERE THE PARLIAMENT, MINISTRIES, EMBASSIES... ARE LOCATED.
PARIS AND THE 7 SURROUNDING DEPARTMENTS FORM A LARGE "CROWN", THE"ILE-DE-FRANCE" REGION.

«Nul n'est censé ignorer la loi»

Les règles et les lois sont les mêmes pour tous, les droits et les devoirs aussi.
Le Parlement a deux assemblées élues par les Français : 577 députés sont à l'Assemblée nationale et 321 sénateurs au Sénat.
Séparément, ils se réunissent pour préparer et voter les lois, par exemple le budget de l'État.
Ils contrôlent aussi l'action du gouvernement.

ETC Camus

LAWS AND REGULATIONS ARE THE SAME FOR EVERYONE, SO ARE THE RIGHTS AND DUTIES.
PARLIAMENT CONSISTS OF TWO ELECTED HOUSES, THE NATIONAL ASSEMBLY AND THE SENATE. EACH HOUSE CONVENES INDEPENDENTLY TO PREPARE AND PASS LAWS.

Un juge pour les enfants

Dans tous les départements, on trouve un tribunal dont la mission originale est d'aider les enfants et les jeunes qui rencontrent des difficultés dans leur famille ou des problèmes dans la vie quotidienne. Le juge des enfants a pour rôle d'écouter, conseiller et orienter les mineurs vers des aides adaptées, en expliquant les règles qui s'appliquent aux petits et aux grands.
Patrie des Droits de l'Homme, la France a été parmi les premiers États à signer la Convention Internationale des Droits des Enfants publiée au Journal officiel le 12 octobre 1990.

Les textes de loi sont publiés au Journal officiel : le J. O., et dans différents livres appelés codes : code civil, code du travail, code pénal, code de la famille...
Des réglementations européennes et internationales complètent parfois le droit français.
Si l'on ne respecte pas la loi, on est jugé pour faute, délit... et selon la gravité on pourra être condamné à un rappel à l'ordre, une contravention, une sanction, une peine de prison...

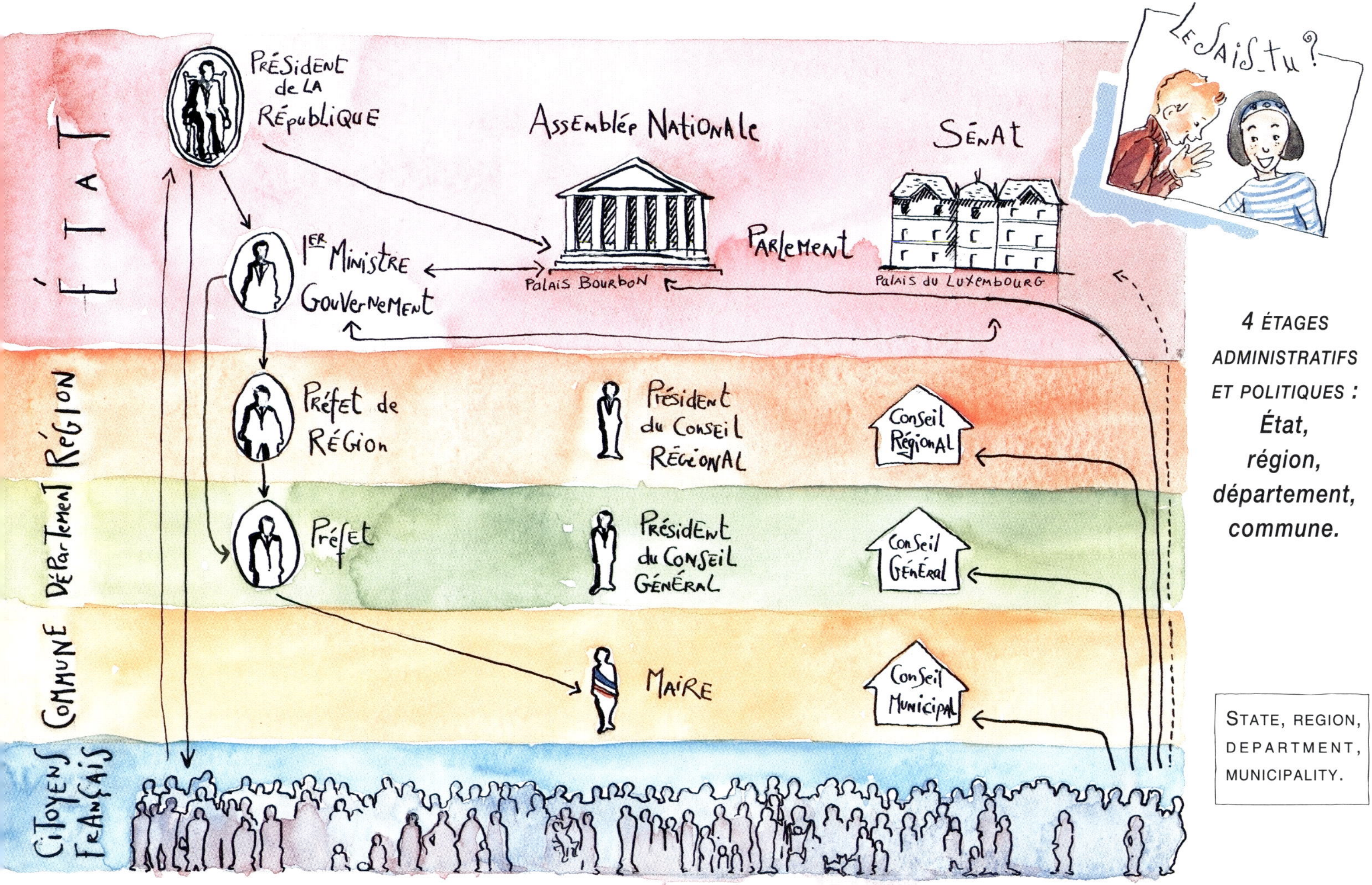

4 ÉTAGES ADMINISTRATIFS ET POLITIQUES :
État, région, département, commune.

STATE, REGION, DEPARTMENT, MUNICIPALITY.

PARLES-TU FRANÇAIS ?

« Le français
est ma langue maternelle,
mon pays natal est le Québec,
je suis de nationalité canadienne,
et j'habite en Belgique. »

Chloé 13 ans

"FRENCH IS MY MOTHER TONGUE.
MY NATIVE LAND IS QUEBEC.
I AM A CANADIAN CITIZEN AND
I LIVE IN BELGIUM."

L'aventure de la langue française

Les mots actuels ont de lointaines origines latines, grecques, germaniques. Certains sont empruntés à d'autres langues et ont été avec le temps complètement adoptés : wagon, rail, tunnel, week-end, baby-sitter viennent de l'anglais ; chiffre et orange de l'arabe ! Et piano n'est-il pas un joli mot italien ? D'autres mots encore ont un petit air anglais : footing ou pin's... mais il n'en est rien, ce sont des inventions françaises.

Je n'ai qu'une patrie : c'est mon langage. J'habite le français.

Alain Bosquet, *Un poète*, Folio Junior, 1985.

La langue française est contrôlée depuis 300 ans par l'Académie française qui réunit d'illustres écrivains. Chaque jeudi, les académiciens travaillent à l'évolution du dictionnaire. Les mots nouvellement acceptés doivent être définis avec précision.

Une langue universelle : les arts

La France a, depuis le XIXe siècle, une renommée de patrie de la liberté et des arts, ce qui attira beaucoup d'écrivains, de savants, de musiciens, de peintres... de tous pays. Riche de ces échanges de talents et de cultures, elle a bâti sa réputation de pays cultivé.

IN THE XIXTH CENTURY, FRANCE HAS BEEN RENOWNED FOR FREEDOM AND THE ARTS WHICH HAS ATTRACTED SCHOLARS, SCIENTISTS, MUSICIANS AND PAINTERS... FROM ALL COUNTRIES.

La francophonie

Il n'y a pas que les Français qui parlent le français. C'est la langue maternelle d'une partie de la Belgique, de la Suisse et du Canada, du Luxembourg, de Monaco et d'Andorre. C'est aussi la langue officielle de 31 pays d'Afrique. Le français se parle couramment au Maghreb, au Liban...

En tout 47 pays francophones et 160 millions de personnes dans le monde qui peuvent s'entendre, se comprendre, même si quelques expressions sont différentes ou ont un autre sens. À l'ONU et à l'UNESCO, le français est l'une des langues officielles.

À l'époque des grandes découvertes, conquérir une terre signifiait y planter son drapeau, sa langue et souvent sa religion, afin de mieux en exploiter et en exporter les richesses telles que l'or, les épices, le café. C'est ainsi que la France a été présente en différents points du globe.

France is not the only country where French is spoken. Worldwide, there are 47 countries in which 160 million French speaking people can understand each other. At the United Nations and UNESCO, French is one of the official languages.

Le français est la langue de la République Française

Certains pays ont plusieurs langues officielles : l'Inde plus de 15, la Suisse 4, la Belgique 3, le Canada 2.
En France, le basque, le breton, le corse, le flamand, l'occitan, reconnus comme langues régionales, peuvent être étudiés dans quelques écoles ou universités.
Aujourd'hui, il n'est plus question d'avoir une seule langue dans sa poche.

CHARLES V

Il paraît que Charles Quint, roi d'Espagne et de Sicile, empereur du Saint Empire germanique, disait qu'il avait appris l'italien pour parler au pape, l'espagnol à ses sujets, l'anglais à sa tante, l'allemand à ses amis, et le français, sa langue maternelle, pour se parler à lui-même.

Le charme des accents

Selon les pays et les régions, les accents se transmettent de génération en génération, c'est leur charme. L'accent du Midi s'entend dans le Sud. C'est, dit-on, l'accent du soleil, bercé par le chant des cigales. À Nancy, on a l'accent lorrain, à Lille celui du Nord.

Certain countries have several official languages. Today it's no longer possible to have only a single language in "one's pocket".

Langue et langage

Communiquer, c'est parler avec des mots mais aussi avec des signes : les attitudes du corps, les gestes des mains, les mimiques du visage (regards, sourires ou larmes...). Ainsi ceux qui n'entendent pas communiquent par la « langue des signes ».

La langue parlée est parfois un peu différente de la langue écrite. On n'utilise pas le même ton, ni exactement les mêmes mots si l'on parle à ses copains, ses professeurs ou ses grands-parents.

COMMUNICATION IS NOT LIMITED TO WORDS BUT ALSO INCLUDE BODY LANGUAGE AND FACIAL EXPRESSIONS. WHEN WE TALK TO FRIENDS, TEACHERS OR GRAND PARENTS, WE USE A DIFFERENT TONE OF VOICE AND DIFFERENT WORDS.

Parce que le français est une langue vivante, il évolue avec le temps. Les jeunes s'inspirent de modes musicales ou populaires pour créer des termes nouveaux ou adapter d'anciens mots. « Galère », par exemple, est à nouveau utilisé pour exprimer ses problèmes de façon imagée : « Quelle galère ! je rame »... comme jadis sur les galères du Roi !

« Que diable allait-il faire dans cette galère ? » Molière, *Les Fourberies de Scapin*, 1671.

Tutoyer ou vouvoyer ?

Les jeunes se tutoient et ils vouvoient les adultes qu'ils ne connaissent pas, ou peu. Les grandes personnes tutoient naturellement les enfants.

صباح الخير

ARABE

您好

CHINOIS

שלום

HÉBREU

" नमस्ते "

INDIEN

SELAMAT PAGI

INDONÉSIEN

こんにちは

JAPONAIS

ЗДРАВСТВУЙ

RUSSE

สวัสดี

THAÏLANDAIS

De A à Z : les 26 lettres de l'alphabet

Si tous les alphabets du monde
se ressemblaient, il serait plus facile de se lire
mais cela manquerait un peu de fantaisie.

IF ALL THE ALPHABETS OF THE WORLD WERE THE SAME, THEY WOULD BE EASIER TO READ, BUT NOT THAT INTERESTING !

Au pays de l'alphabet
les lettres s'ennuyaient ;
chacune dans son coin, inutiles,
elles ne savaient que dire !
Mais un jour,
le E, le A, le U
se rencontrèrent...
EAU ! dirent-elles, ensemble.
Oh ! s'exclamèrent les autres.

Jacques Lafont,
Fabliettes, in *Jeunes Années Magazine.*

De 0 à 9 : les chiffres

10 signes hérités de l'arabe
qui peuvent s'écrire
en lettres majuscules
s'ils sont en chiffres
romains.

L'adjectif « poétique » vient souvent à la plume lorsque l'on veut décrire ou qualifier les livres destinés au public non adulte. Il est même avéré que plus on remonte en âge pour rejoindre le territoire des jeunes enfants, plus grand en est le besoin et l'usage. L'enfance est donc un espace propice à la poésie.

« e » **est la lettre la plus utilisée**, sauf dans un roman intitulé *La Disparition*. Incroyable mais vrai, l'auteur, Georges Perec, a écrit 300 pages en choisissant des mots sans « e ».

THE LETTER "E" IS THE MOST WIDELY USED IN THE FRENCH LANGUAGE EXCEPT IN A NOVEL CALLED "LA DISPARITION". GEORGES PEREC WROTE 300 PAGES USING WORDS WITHOUT THE LETTER "E".

Je suis un E coquet quand je porte un chapeau,
Je suis un e muet quand je me cache dans les mots,
je suis partout et tout le monde me connaît
Si tu me cherches, voici mon adresse :
Numéro 5 Rue de l'Alphabet !

In *Perlin Coquin*, E. Dorval, Fleurus-Presse

Informer

Radio

Rendez-vous quotidien, la radio fait office de réveille-matin dans la plupart des familles. Des émissions jeune-public réservent leurs ondes à la musique, au dialogue et aux sports.

Mon Quotidien

Les nouvelles du monde

Chaque jour, les journalistes prennent la plume, la parole ou la caméra pour informer leurs lecteurs, auditeurs ou téléspectateurs. En France, la liberté de pensée autorise des publications d'opinions politiques, religieuses, littéraires, artistiques de tendances différentes.

EVERY DAY, JOURNALISTS INFORM READERS, LISTENERS AND TELEVISION VIEWERS WITH WORDS AND IMAGES.
THE RADIO IS THE DAILY ALARM CLOCK FOR MOST FAMILIES.
FOR CHILDREN, TELEVISION IS ONE OF THE FAVORITE FORMS OF ENTERTAINMENT.

Télévision

Le petit écran est le préféré des divertissements. Des programmes éducatifs offrent de bons sujets de discussion en classe et à la maison.

Du côté des kiosques

On y trouve des quotidiens, des hebdomadaires, des bimestriels, des mensuels d'informations générales ou spécialisées, il y en a pour tous les goûts. En France, les livres comme les journaux ont des prix imposés. La presse junior a ses journaux et ses magazines. De 18 mois à 18 ans, ils offrent une mine d'informations, d'aventures, d'histoires, d'astuces et de jeux...

Communiquer au-delà des mots

Les sigles

Le **T.G.V.** est le train à grande vitesse de la **SNCF :** 3 ou 4 lettres sont plus faciles à retenir que plusieurs mots.
Il est inutile de traduire S.V.P., V.T.T., B.D. ou CD, connus de tous.
JO **:** Journal Officiel et J.O. : Jeux olympiques.
Une seule lettre, **H** ou **P**, suffit à signaler la proximité de l'hôpital ou du parking.

Blasons et logos :
des messages illustrés, codés

Emblème d'un État, d'une ville, d'une famille, le blason comporte une devise et des symboles.
Les logos dessinés d'un trait moderne et coloré ont souvent remplacé les prestigieux blasons des villes sur les documents officiels.
Sous forme d'illustration ou de sigle, le logo représente aussi une marque, un produit, une entreprise. C'est un message publicitaire qui veut être remarqué et retenu.

A LOGO IS A SIGN OR CHARACTER THAT REPRESENTS A BRAND, A PRODUCT OR A COMPANY. A LOGO IS ALSO AN ADVERTISING MESSAGE THAT IS EASY TO REMEMBER.

AIR FRANCE

DANONE

L'ORNE

LA POSTE

SAINT-GOBAIN

af AllianceFrançaise

Noms et prénoms

Des familles reconstituent leur arbre généalogique et retrouvent l'origine de leur nom.

Les noms de famille ont leur histoire

Quand les villages étaient petits, tout le monde se connaissait et il suffisait d'avoir un prénom ou un surnom. Au XVIe siècle, il est officiellement décidé d'ajouter un nom de famille : le patronyme, transmis de génération en génération. Pour donner certains noms, on s'est inspiré du métier : M. Boulanger ; de la taille : M. Legrand ; du lieu d'habitation : Mme Laforêt, Melle Dutronc et M. Dubois.

Les femmes qui se marient ont le choix de porter le nom de leur époux ou de conserver leur « nom de jeune fille ». Un enfant porte habituellement le nom de son père, sinon celui de sa mère, si elle le décide lorsqu'elle n'est pas mariée.

Les prénoms ont leur mode

Tous sont maintenant autorisés par la loi, sauf s'ils sont ridicules pour l'enfant.

Des petites filles s'appellent comme leurs arrière-grand-mères nées en 1900.

France était un prénom à la mode dans les années 50. Pour les garçons, Victor, Valentin, Arthur sont en vogue.

When villages were small, everyone knew each other. All one needed was a first name or a nickname. In the 16th century, it became official to adopt a family name. All first names are now legally acceptable.

Des mots en couleurs

Des mots à plusieurs sens

Papier recyclé.
« Vos papiers s'il vous plaît. »
Être dans les petits papiers du directeur.

se fâcher tout rouge
voir la vie en rose
avoir une peur bleue
montrer patte blanche
avoir les idées noires
donner le feu vert
rire jaune

Orange

un fruit, une couleur mais aussi une ville dans le Sud de la France.

Des phrases comme des images

Il est haut comme trois pommes.
Tu es dans la lune = Tu n'as pas les pieds sur terre.

Le petit bonhomme est vert !
Qu'attends-tu pour traverser ?
dit l'enfant à l'hirondelle
J'attends qu'il passe au bleu
répond l'oiseau en regardant le ciel.

Geneviève Laurencin,
Comptines pour apprivoiser la rue
in *Savoir vivre,* Casterman, 1993.

Le pictogramme est l'écriture la plus ancienne. Ce petit dessin qui parle tout seul indique, par exemple, ce qui se cache derrière une porte : le téléphone ou les toilettes ? Il signale aussi aux piétons de traverser la rue lorsque le petit bonhomme du feu tricolore devient vert.

Pictogram is the oldest writing form. For example, a drawing can show what is hidden behind a door. "Orange" is a fruit, a color and a town in southern France.

COMME D'HABITUDE

« Les habitudes,
c'est la vie de tous les jours
avec des surprises, des fêtes
et des traditions différentes dans les autres pays. »
Marie 10 ans

"CUSTOMS ARE PART OF OUR DAILY LIVES, BUT THERE ARE OCCASIONAL SURPRISES, CELEBRATIONS AND TRADITIONS WHICH VARY FROM COUNTRY TO COUNTRY."

S'il est midi à Paris...

Le soleil se lève à New York tandis qu'à Tokyo, les enfants japonais se préparent à se coucher.

Le globe est divisé en 24 fuseaux horaires qui représentent les 24 heures de la journée. C'est le temps que met la terre à faire un tour sur elle-même. Le soleil ne peut éclairer tout le globe en même temps.
En France, l'hiver les jours sont plus courts. L'été, à l'inverse, ils sont plus longs. Le jour le plus long est le 21 juin, le plus court est le 21 décembre.

Le méridien de Greenwich, en Grande-Bretagne, est la ligne de repère du Temps universel. Il indique l'heure mondiale de référence. Il traverse aussi la France. Deux fois par an, l'Hexagone change d'heure. Chaque dernier week-end de mars, les montres, les pendules et les horloges avancent d'une heure pour être à l'heure d'été. On remet les pendules à l'heure d'hiver à la fin d'octobre.

Le cadran solaire, imperturbable, indique toujours par le jeu des ombres l'heure solaire !

If it is noon in Paris, the sun is rising in New York, Japanese children are getting ready for bed. Greenwich Mean Time is the international basis for time-keeping and is based on the time at the Greenwich meridian, in Great Britain. It also passes through France.

Rythme de la journée

« Debout, il faut se lever ! »
Avant de mettre le nez dehors, les bonnes odeurs de la maison aident à se réveiller. Côté cuisine, le parfum du chocolat qui fume dans le bol et des tartines de pain grillé ouvre l'appétit. Vivement dimanche pour la grasse matinée !

« À table ! »
« Qu'est-ce qu'on mange ? »
Les repas se prennent assis autour de la table de la cuisine ou de la salle de séjour. Le week-end donne l'occasion de savourer quelques petits plats et d'inviter la famille et les amis. Les enfants aiment aider à la cuisine. Vers 4-5 heures l'après-midi, c'est l'heure du « petit creux » : l'heure du goûter où l'on grignote ce que l'on aime.

« Bonne nuit ! »
Le soir, après le dîner, il est temps de retrouver sa chambre, son coin, sa couette... ses trésors, ses rêves, pour dormir au moins 9 h. Demain, comme d'habitude, il faudra se lever, se laver... et être en forme.

Every day
The morning : "It's time to get up !"
At noon : "Let's seat down. What's for lunch ?"
The Evening "Good night... sweet dreams".
Sunday mornings often are for sleeping late.

Les saisons ont 4 paysages

Des couleurs, des fleurs, des odeurs... des saveurs

Le printemps est en vert tendre.
L'été est jaune comme le soleil et les blés.
L'automne a le goût des pommes, des poires et des raisins, l'odeur des champignons.
Les feuilles sont rousses comme les châtaignes.
L'hiver a parfois un manteau blanc de neige et toujours un chapeau vert comme les sapins de Noël.

Arbres

Majuscules
posées
sur la page
du pré
Les oiseaux
y apprennent
l'alphabet
des saisons

Joël Sadeler,
Le bocage et les saisons,
CPV suppl. au n° 39
de *Friches*, 1992.

La mode a 2 visages

Printemps/été : les robes légères, shorts et lunettes de soleil sont dans les vitrines et dans la rue.
Automne/hiver : tour à tour l'imperméable et le parapluie ou le manteau et l'écharpe sont de sortie.

P. Lambert - C. Bridoux

EACH SEASON HAS ITS OWN LANDSCAPE, COLORS, FLOWERS, SMELLS AND FLAVORS.

« Une hirondelle ne fait pas le printemps ! »

C'est un dicton. Quand la météo n'existait pas, les marins et les paysans observaient le ciel, les animaux, les fleurs et la couleur du lever et du coucher du soleil pour prévoir le temps.

Mars Avril Mai
1er Avril Poisson d'Avril
1er Mai Fête du Travail
Vacances de Printemps
Juin Juillet Août
Vacances d'Été
14 juillet Fête Nationale
Printemps
Été
Septembre Octobre Novembre
Rentrée des classes
11 Novembre Anniversaire de l'Armistice
Automne
Hiver
Décembre Janvier Février
25 Décembre Noël
6 Janvier, les Rois
Vacances
1er Janvier Jour de l'An
31 Décembre Saint Sylvestre

Fêtes et traditions

Les rendez-vous du calendrier

Janvier salue les Rois mages avec une galette et sa fève.
Février est le mois des carnavals, des crêpes et des beignets.
Mars a ses giboulées de printemps.
Le 1er avril, on invente des blagues et on accroche des poissons.
Le 1er mai voit fleurir le muguet.
Le dernier dimanche du mois est la fête des mères.

HOLIDAYS ARE TIMES TO BE WITH FAMILY AND FRIENDS, AND TO REMINISCE.

Jours fériés

1er Janvier Jour de l'an.
1er Mai Fête du travail.
14 Juillet.
11 Novembre et *8 Mai* (dates de la fin des deux guerres mondiales, 1918 et 1945).
Pâques, Ascension, Pentecôte, 15 août, Toussaint, Noël sont les fêtes religieuses catholiques.

Chaque année, les événements du passé sont commémorés. L'*Annuaire des célébrations nationales de France* indique pour 1995 le Tricentenaire de la mort du poète Jean de La Fontaine, le Centenaire de la mort de Louis Pasteur ou encore le Centenaire du cinéma.

La bise

Oh, fais-la-moi ! — Quoi donc ? — La bise.
— Très volontiers. On dit “bisou”
Maintenant. C'est tendre. On s'en grise.
Ce n'est pas du vent, c'est plus doux...

Jean Guichard-Meili, *Paraphes*,
Le Livre de Poche, 1991.

Petits porte-bonheur

• Le brin de muguet offert le 1er mai.
• Le trèfle à 4 feuilles trouvé dans l'herbe.
• La coccinelle avec sa robe rouge à pois qui se pose sur une main.
• Une pièce dans la poche au premier chant printanier du coucou ? Richesse pour toute l'année !

Lorsqu'on se connaît bien on s'embrasse : baisers, bisous, bises, une ou deux fois sur chaque joue. Sinon on donne une poignée de main pour saluer une personne. Certains enfants se croient trop petits pour tendre la main et préfèrent tendre la joue.

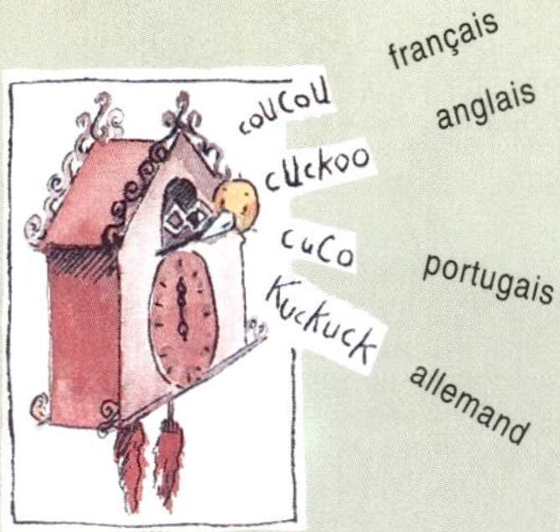

Le coucou est l'oiseau qui s'installe dans le nid des autres, c'est une fleur jaune des champs, un vieil avion, une horloge qui chante « coucou ».

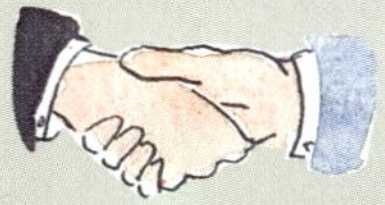

Coutumes

• Au Nouvel An, on se souhaite « Bonne année » sous une boule de gui.
• Le 2 février, jour de la Chandeleur, la coutume veut que l'on mange des crêpes rondes comme une lune. Une pièce d'or dans la main en faisant sauter la crêpe assure d'être riche !

When people know each other well, they kiss on the cheek. Otherwise, a handshake is the norm.

C'EST PRATIQUE

**« Comme dans un guide,
c'est tout ce qu'il faut savoir
dans une ville ! »**

Malo 10 ans

"EVERYTHING
YOU NEED TO KNOW
FOR CITY-LIVING."

Suivez le guide

La ville est un puzzle de quartiers.
Au centre on trouve la mairie, l'église, l'école, la poste, la gare, la police, et les commerces, la caserne des pompiers et l'hôpital... En s'agrandissant, les villes ont construit des immeubles tels que les HLM (habitations à loyer modéré) et des quartiers de maisons avec jardins (pavillons). Elles ont aussi créé des zones industrielles (ZI) où s'installent des usines et des bureaux pour développer la vie économique et l'emploi.

Le plan de la ville peut aider à s'orienter.
Ainsi, il est facile de se déplacer à pied ou par les transports en commun (bus, métro ou tramway). Les taxis sont des voitures de couleurs et de marques variées. Le prix de la course est indiqué au compteur. Gare aux embouteillages !

A TOWN IS A MAZE. IN THE CENTER, WE FIND THE TOWN HALL, CHURCH, SCHOOL, POST OFFICE, RAILROAD AND POLICE STATIONS, FIRE HOUSE AND BUSINESSES.
A MAP IS HELPFUL TO FIND ONE'S BEARINGS.

À pied ou à bicyclette, sur le chemin de l'école ou des magasins : attention aux voitures, aux motos et aux panneaux. Le code de la route réglemente la circulation

Les commerces

Il y a très longtemps, lorsque peu de gens savaient lire, et que les rues n'avaient pas de nom, les boutiques accrochaient à leur porte un objet pour être reconnues : clé, pain, lunette... Quelques-unes de ces enseignes existent toujours, d'autres sont devenues lumineuses.

Le supermarché est plus petit que l'hypermarché, appelé aussi « grande surface ». On y trouve tout ce qui est utile à la maison. Les prix doivent être affichés. Le samedi on prend le temps de faire des courses ou du lèche-vitrines ou encore d'aller au marché du quartier.

BAKERIES AND PHARMACIES ARE A COMMON SIGHT. GOING TO THE STREET MARKET IS ALWAYS A PLEASURE. AT THE SUPERMARKET EVERYTHING NECESSARY FOR THE HOUSE CAN BE FOUND.

THE ADDRESS OF THE PRESIDENT OF THE REPUBLIC IS 55, RUE DU FAUBOURG-SAINT-HONORÉ IN PARIS (8E).

Devine où j'habite ?

Chemin de la Forêt

Passage du Grand-Cerf

9, place du Marché

Square de la Paix

53, avenue Charles-de-Gaulle

248, boulevard Victor-Hugo

L'adresse du Président de la République :
Palais de l'Élysée
55, rue du Faubourg-Saint-Honoré
75008 Paris.

Les noms des rues honorent un homme célèbre, un événement ou un lieu. Côté pair, ce sont les numéros 2, 4, 6..., les portes des immeubles ont souvent des codes qu'il faut connaître pour entrer. Le rez-de-chaussée (RC) est au niveau de la rue. Beaucoup de fenêtres sont décorées de rideaux ou de volets, et de quelques pots de fleurs, suspendus comme des petits jardins de poche.

La nature et la ville À côté des affiches et des néons, on essaie de préserver quelques mètres carrés d'espaces verts de jardin ou de parc. Les arbres préférés des villes sont les marronniers, les tilleuls, les platanes et les sorbiers des oiseleurs. Et que trouve-t-on sur le toit de l'Opéra Garnier à Paris ? Des ruches et leurs abeilles qui vont butiner les jardins alentour pour faire leur miel.

« Comme chez soi »

Que l'on habite un appartement, un pavillon, une villa, une ferme ou... un château, on dit « viens à la maison » ou « viens chez moi ».

Quel est le plan de l'appartement ? La salle de séjour est à la fois la salle à manger et le salon, parfois même le bureau. La salle de bains est appelée « salle d'eau » lorsqu'une douche remplace la baignoire.

Pour des raisons professionnelles ou familiales, chacun peut changer de région ou de pays et déménager plusieurs fois dans sa vie.
En arrivant, il faut bien sûr faire brancher les compteurs d'eau, d'électricité, faire installer le téléphone. Enfin il reste à meubler et décorer selon ses goûts pour se sentir bien « chez soi ».

Hélas, actuellement des personnes n'ont plus de domicile parce qu'elles n'ont pas d'argent pour payer le loyer : elles sont, dit-on, sans domicile fixe (SDF).

WHETHER ONE LIVES IN AN APARTMENT, VILLA, FARM OR MANSION, CHILDREN SAY "VIENS À LA MAISON" OR "VIENS CHEZ MOI". FOR PERSONAL OR PROFESSIONAL REASONS, PEOPLE MAY MOVE FROM ONE REGION OR COUNTRY TO ANOTHER, SEVERAL TIMES DURING THEIR LIVES.

Les services publics

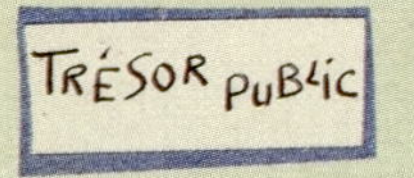

L'État est le plus grand patron de France.
Service « public » signifie service pour tout le monde. L'éducation, la santé, l'emploi, la justice, la culture, la sécurité, l'environnement sont sous la responsabilité d'un ministère. Ils représentent une part importante de l'économie du pays et offrent des services qui facilitent la vie de tous les citoyens : transports, logement, écoles, poste, électricité, eau, hôpitaux, etc. Ils sont financés en grande partie par l'argent des impôts et des taxes que chaque contribuable verse au Trésor public.

Avant 16 ans, on n'a pas le droit de travailler, mais parfois des petits services, des anniversaires ou des fêtes augmentent la « tirelire » d'argent de poche. Avec l'accord de leurs parents, les enfants peuvent avoir un compte jeune à la banque ou à la poste.

« **Avant l'Euro**, Le petit Prince était mon billet préféré. Je l'aimais bien parce que c'est une histoire que je connais. »
Thomas 11 ans.

The government is the largest employer in France. It manages and controls public services.

LE BOULANGER-PÂTISSIER VEND : des gâteaux baptisés millefeuilles, paris-brest, religieuse, pithiviers, diplomate... et toutes sortes de pains longs, ronds, tressés, aux noix ; des bonbons de toutes les couleurs à l'unité, comme le Carambar avec ses blagues ; des spécialités selon la région, guimauve, nougat de Montélimar, bêtises de Cambrai, dragées de Verdun, violettes de Toulouse...

QUELQUES VILLES ET LEUR SPÉCIALITÉ : Grasse et le parfum ; Dijon et la moutarde ; Agen et les pruneaux ; Cavaillon et les melons ; Reims et le champagne... On dit qu'il y a plus de 400 sortes de fromages en France. Des villes et des villages portent leur nom : Camembert, Roquefort, Maroilles, Munster...

LA POSTE affranchit le courrier avec des timbres de collection si on le demande. Elle propose aussi les mêmes services qu'une banque. On peut y acheter les cartes de téléphone.

LE MARCHAND DES 4 SAISONS

- mai : cerises et fraises
- juin : melon
- juillet : pêches, abricots, framboises, groseilles, cassis
- août : poires, prunes
- septembre : pommes, raisins, kiwis
- octobre : châtaignes, coings
- hiver : oranges, clémentines, pamplemousses...

À L'ÉCOLE

« La Géographie et l'Anglais
ça fait tourner
la tête autour du Monde.
Les Maths et les
dictées
c'est plutôt le casse-tête »

Guillaume 13 ans

"Geography and English make one's mind wander. Maths and dictations make you concentrate."...

On dit que Charlemagne a inventé l'école il y a plus de 1000 ans. Jules Ferry l'a rendue obligatoire il y a plus de 100 ans. L'école publique est gratuite, ouverte à tous, garçons et filles ensemble. Laïque, elle respecte les différentes cultures et religions.

C'est la loi, il faut être élève de 6 à 16 ans au moins. Mais la plupart des enfants de 3 ans vont à l'école maternelle la plus proche de chez eux, et les plus grands poursuivent des études au-delà de 16 ans.

Les écoles privées, souvent religieuses, peuvent être agréées si elles suivent les programmes officiels du ministère de l'Éducation nationale. La scolarité y est payante.

PUBLIC SCHOOL IS FREE AND OPEN TO BOYS AND GIRLS OF ALL CULTURES AND RELIGIONS.

TODAY IT IS THE LAW THAT ALL CHILDREN BETWEEN 6 AND 16 YEARS OLD MUST GO TO SCHOOL. THE MAJORITY OF THE 3 YEARS OLD CHILDREN GO TO KINDERGARTEN.

AFTER THE SUMMER HOLIDAYS, THE BELL RINGS FOR THE START OF THE NEW TERM IN SEPTEMBER.

Les programmes d'enseignement et diplômes d'État sont les mêmes pour tous les établissements scolaires français, en France et à l'étranger. Des lycées internationaux proposent un enseignement en différentes langues étrangères en plus du français. L'année se déroule en 3 trimestres.

Règles scolaires

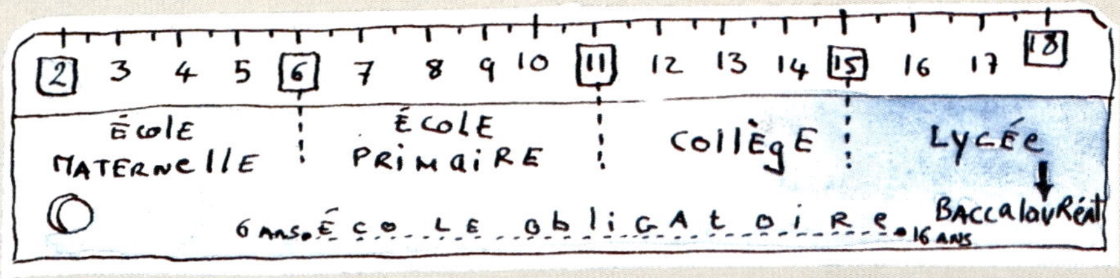

La scolarité est découpée en années et en cycles. L'élève sera apprenti ou stagiaire s'il suit une formation professionnelle. Après le baccalauréat, il deviendra étudiant s'il va à l'Université ou bien élève, s'il réussit le concours d'entrée d'une « grande école ».
x de ces célèbres écoles ont plus de 200 ans : l'École Polytechnique (on dit aussi l'X), l'École Normale Supérieure...

La panoplie du bon élève

Le cartable, souvent porté sur le dos, contient les affaires indispensables : cahiers, classeurs et feuilles, un agenda ou un cahier de textes, des crayons... Les livres sont prêtés par l'école primaire et le collège pour l'année scolaire.
On peut aussi y glisser : une calculatrice, une disquette si on utilise l'ordinateur,
et aussi les clés de la maison, une carte de téléphone, un carnet d'adresses ou sa bande dessinée préférée...

SCHOOLING IS BASED ON AN ANNUAL PROGRAM. THE SCHOOL-BAG, OFTEN CARRIED ON THE BACK, CONTAINS NOTEBOOKS, FOLDERS, PAPERS, A DIARY...

PRIMARY SCHOOL STARTS AT AGE 6. IT'S TIME TO LEARN THE 3 R'S (READING, WRITING, ARITHMETIC).

Le monde de l'école primaire

La cloche de la rentrée de septembre sonne. Excitation, anxiété : il faut se mettre en rang, et chut ! on rentre.

L'école maternelle

C'est un lieu de rencontres avec d'autres enfants, de découvertes et d'activités : jeu, dessin, musique, histoires. Aller à l'école comme les grands est toujours un événement.

L'école élémentaire

6 ans est l'âge d'entrer en CP (cours préparatoire). Quelle impatience d'apprendre à lire, écrire, calculer ! Le maître ou la maîtresse utilise le tableau et la craie, des livres, bien sûr, et parfois l'ordinateur et sa souris. Et si de temps en temps on écrivait sur le cahier : « 18 mots justes sur 20 », ce serait plus encourageant que d'écrire en rouge : « 2 fautes ».
Le soir, il y a quelques exercices qui se font à l'étude ou à la maison. Certaines leçons sont à lire ou à apprendre, par exemple une poésie ou les tables de multiplication.

L'univers du collège

Le principal et son adjoint dirigent ensemble le collège et organisent l'enseignement.

Le documentaliste, dans son CDI (centre de documentation et d'information), aide à rechercher dans les livres, la presse... tout ce qu'il est intéressant de connaître avant un cours ou un exposé.

Le conseiller d'éducation veille à la discipline : on lui remet mots d'absence et billets de retard. Il est aidé par des surveillants et peut donner une consigne (colle) à l'élève trop dissipé : un travail supplémentaire à faire à l'école. Si l'élève persiste, il a un avertissement : c'est une sanction.

Il est possible de rencontrer **l'infirmière** ou **l'assistante sociale** au service médical pour discuter de problèmes de santé ou de soucis personnels.

SECONDARY SCHOOL : DURING THE FIRST YEAR, IT'S IMPORTANT TO MAKE NEW FRIENDS. THERE ARE DIFFERENT CLASSROOMS BECAUSE JUST LIKE THE TEACHERS, THEY ARE SPECIALISED : MATHEMATICS, FRENCH, SPORTS...

De la 6e à la 3e : de 11 à 15 ans

La première année, tout est nouveau : les lieux, le rythme, l'organisation des cours. Il est urgent de se repérer dans le collège et de se faire de nouveaux amis. Les salles de cours sont différentes, les professeurs aussi, chacun a sa spécialité : français, maths, sport... L'un d'eux est **le professeur principal** et sera responsable de la classe pendant toute l'année.

Enfants, parents, enseignants

Le carnet ou le cahier de correspondance est un lien entre parents et professeurs. Il présente le règlement de l'établissement, l'emploi du temps et tout ce qu'il faut savoir sur la vie scolaire. Les enfants y ajoutent au fil des semaines de nouvelles informations : réunions de parents, sorties... Les parents ont à le consulter et le signer régulièrement mais aussi à y noter les messages qu'ils veulent transmettre aux enseignants.

Tous les trimestres, le bulletin scolaire avec les notes des contrôles et les appréciations des professeurs est destiné aux parents. Un livret scolaire résume au fil des années la scolarité de chaque élève.

Les élèves ne portent pas d'uniforme. Pourtant beaucoup ont envie de se ressembler en s'habillant pareil. Selon les années, des petits signes de fantaisie font fureur : bracelet, pin's..., ou autre trésor que l'on sort de sa poche. L'école a ses modes.

A SPECIAL NOTEBOOK PROVIDES THE LINK BETWEEN PARENTS AND TEACHERS. EVERY TERM, A SCHOOL REPORT WITH GRADES AND TEACHER'S COMMENTS ARE SENT TO PARENTS. PUPILS DO NOT WEAR SCHOOL UNIFORMS.

Il y a environ 25 éleves par classe.
La semaine est de plus en plus souvent de 4 jours excepté dans quelques écoles qui donnent des cours le samedi matin. Le mercredi est le jour de repos pour les écoliers mais parfois matinée de cours au collège.

La récréation vient couper la matinée et l'après-midi. C'est un moment de détente dans la cour, s'il ne pleut pas. Le repas de midi peut être pris à la cantine de l'école lorsque les parents travaillent ou habitent loin. L'« heure des mamans » est à 16 h 30, lorsqu'elles viennent chercher les petits après l'école.

WEDNESDAY IS USUALLY A DAY-OFF FOR STUDENTS. IF PARENTS WORK, LUNCH CAN BE EATEN AT THE SCHOOL CAFETERIA.

Classes de découverte
Les enfants d'une même classe et leur enseignant partent parfois une semaine ou plus à la montagne, à la mer, à la campagne ou en ville en classe de découverte. Ce n'est pas l'école buissonnière mais une façon utile et agréable d'ouvrir les yeux sur un univers différent : une autre façon d'apprendre.

Vacances scolaires
Toussaint, Noël, vacances d'hiver, de printemps, et grandes vacances. La France est découpée en 3 zones : A, B, C, afin d'étaler les départs et les retours et limiter les embouteillages...

La semaine du goût
Au mois d'octobre, des chefs de cuisine, des toques de grands restaurants et des fines fourchettes viennent à l'école raconter aux élèves les secrets des goûts et des saveurs. C'est l'occasion de déguster des petits plats en apprenant la différence entre gourmet, gourmand et gastronome.

C'est Saint-Exupéry qui a actuellement le plus d'écoles et de collèges à son nom.

À TA SANTÉ !

« C'est la forme, mais dans
la vie, il y a toujours des petits
pépins de santé.
Des enfants ont parfois
des maladies graves. »

Aude 11 ans

TO BE HEALTHY IS TO BE IN GOOD SHAPE. MINOR HEALTH PROBLEMS DO OCCUR. SOMETIMES CHILDREN BECOME SERIOUSLY ILL.

Comment ça va ?

À la naissance,
chaque enfant reçoit
un « carnet de santé » où le médecin
et les parents noteront régulièrement les
informations utiles :
le poids, la taille,
les vaccinations,
les maladies d'enfant...

Même si tout va bien, il faut consulter un médecin de temps en temps, par exemple, avant de s'inscrire à un club de sport. Les parents choisissent leur médecin et lui paient directement les honoraires fixés par la Sécurité sociale. Certains ont des tarifs plus chers et non agréés, mais il existe dans chaque ville des consultations de PMI (protection maternelle et infantile) gratuites.

La Sécurité sociale existe pour aider les Français à certains moments de leur vie. Elle peut rembourser une partie des dépenses de santé et donner des allocations familiales, des retraites... parce que tous les employeurs lui versent des « charges » prélevées sur les salaires.

Mieux vaut prévenir que guérir

Des vaccins sont obligatoires avant d'entrer à la crèche ou à l'école, d'autres sont très conseillés. Heureusement, une seule piqûre protège contre plusieurs maladies à la fois, mais il faut la renouveler de temps en temps : ce sont les rappels.

AT BIRTH, EVERY CHILD RECEIVES A "CARNET DE SANTÉ" WHICH WILL CONTAIN DOCTOR'S AND PARENT'S NOTES...
SOME VACINATIONS ARE OBLIGATORY IN ORDER TO GO TO "CRECHE", SCHOOL OR SUMMER CAMP.

Qui soigne ?

CADUCÉE
SYMBOLE DES MÉTIERS DE LA SANTÉ

CARDIOLOGUE

Le docteur en médecine doit prêter le serment d'Hippocrate lorsqu'il reçoit son diplôme, et s'inscrire à l'Ordre national des médecins. Il est tenu au secret professionnel sauf si, par exemple, la vie d'enfants est en danger.
Le médecin généraliste est le médecin de toute la famille.
Le pédiatre est celui des enfants.
Le médecin scolaire voit les élèves une fois par an à l'école. Il vérifie la croissance, la vue, l'audition, les vaccinations.
L'infirmière a des doigts de fée pour faire un pansement, ou une piqûre.

Le radiologue radiographie ou scanne les os et les organes.
L'oto-rhino-laryngologiste, en 3 lettres l'O.R.L., est le spécialiste des oreilles, du nez et de la gorge.
Le dentiste soigne les caries et vérifie l'implantation des dents.
L'ophtalmologiste examine les yeux et peut prescrire des lunettes vendues chez l'opticien.
L'orthophoniste aide les enfants qui ont des difficultés à parler, à exprimer certains sons ou inversent certaines syllabes.
Le psychologue essaie de comprendre les soucis des enfants et de leurs parents.

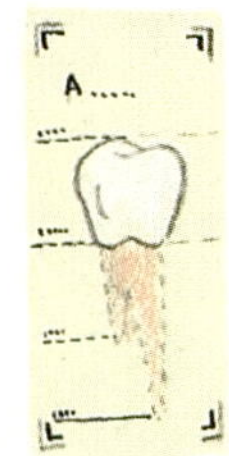

When a medical student receives a medical degree, he takes the Hippocratic oath.

Aujourd'hui, je suis malade

« Je me sens un peu patraque, j'ai un peu de fièvre et des boutons. » Avec ces explications le médecin va reconnaître les signes ou les symptômes de la maladie et prescrire les soins ou les médicaments qu'il faut.

Quelques jours à l'hôpital. Les médecins et les infirmières ont parfois un drôle de jargon : anesthésie, scanner... Heureusement, ils ont le sourire et répondent à toutes les questions. Ils sont même d'accord pour qu'on apporte un peu de musique, des livres, ses objets préférés ou son oreiller.

"TODAY, I AM SICK AND AM NOT GOING TO SCHOOL."
NOW AND THEN, IT IS NECESSARY TO GO TO A HOSPITAL FOR A FEW DAYS OBSERVATION.
FOR MORAL SUPPORT, ONE CAN TAKE ALONG SOME, BOOKS, A FEW FAVORITE THINGS OR EVEN ONE'S PILLOW CASE.
ALAS, THERE ARE SERIOUS ILLNESSES. WE HEAR A LOT ABOUT AIDS BECAUSE IT AFFECTS MILLIONS OF CHILDREN AND ADULTS ALL OVER THE WORLD.

Les parents passent le plus de temps possible près de leur enfant. Des chambres « parents-enfants » leur permettent, dans certains cas, de dormir sur place. Sinon il existe quelques « maisons de parents », près de l'hôpital En pédiatrie, il y a généralement une salle de jeux et des enseignants qui proposent des activités et des cours sur mesure.

Il y a, hélas, des maladies graves. On parle beaucoup du sida car il concerne des millions d'enfants et d'adultes dans le monde. Le sida est causé par un virus qui attaque les cellules de défense du corps. Aujourd'hui des médicaments stoppent de plus en plus le développement de la maladie mais il n'existe pas de vaccin. On sait que le virus se transmet par le sang et les relations sexuelles, aussi précautions et préservatifs sont des solutions.

La pharmacie

Son enseigne est une croix verte.
Les médicaments ne peuvent être achetés qu'en pharmacie, sur ordonnance du médecin, ou, parfois, sur le conseil du pharmacien.
Cachets, sachets, sirops, ampoules..., les médicaments sont colorés et souvent un peu sucrés pour être plus faciles à avaler. Certains sont aussi sous forme de suppositoires ou de piqûres.
Les médicaments remboursés par la Sécurité sociale portent un autocollant : une vignette.
Il est sage de les ranger par sécurité dans une armoire à pharmacie fermée à clé.

Pour être bien sûr qu'une récolte de champignons est comestible, mieux vaut la montrer au pharmacien.

Allô le 15

24 heures sur 24, partout en France, le 15 est le numéro de téléphone unique pour appeler au secours en cas d'accident, d'incendie ou de problèmes graves. La voix qui répond rassure, envoie un médecin, les pompiers, la police ou encore une ambulance. Aux urgences on soigne, on recoud les blessures, on tranquillise aussi.

Medicine can only be purchased at a pharmacy.
Certain medicine can be dangerous. So it is sensible to keep them under lock and key at home.
Everywhere in France, "15" is the emergency telephone number around the clock.

Bonne forme et bonne mine

« Notre première habitation c'est notre corps, notre premier moyen de transport c'est notre corps. » *Dr Tran*

Il faut donc en prendre soin et mener une vie équilibrée avec des activités de détente (physiques, artistiques...), un bon sommeil et une nourriture diversifiée. Il est bon de manger des légumes verts comme les haricots, rouges comme les tomates, orange comme les carottes, des fruits, de la viande, du poisson, des laitages... Confidence : il paraît que Popeye s'est trompé de virgule. Des chercheurs ont trouvé que les épinards contiennent 10 fois moins de fer qu'on ne le dit habituellement.

Attention

À la maison : la salle de bains et la cuisine sont des terrains de jeux parfois un peu dangereux. Il s'y trouve tout ce qui brûle, coupe, pique, casse. Il ne faut jamais toucher un appareil électrique avec les mains mouillées. Le courant en France est très fort et peut électrocuter.

La chouette, signe de prudence.

Halte-là ! Les poux sont ces petites bêtes qui s'installent dans les cheveux et sautent d'une tête à l'autre, à l'école le plus souvent. Quand cela démange, le plan d'attaque est un shampooing spécial.

Interdit !

La loi interdit de fumer dans les lieux publics en dehors des zones fumeurs.

"Our first abode is our body our first means of transportation is our body". We have to take care of it.

En Europe, ce sont les Françaises qui vivent en moyenne le plus longtemps (environ 81 ans). Jeanne Calment — la plus vieille dame du monde, dit-on — a soufflé ses 121 bougies en février 1996. Les hommes ont une espérance de vie de 73 ans.

Les Français ont le sens de l'entraide et de la solidarité. Des associations humanitaires aident et soignent les personnes en grande difficulté, en France et dans le monde.

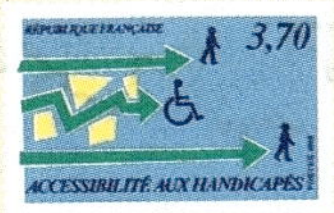

Une idée qui donne bonne mine : le « parcours santé ». Cette promenade dans la nature permet de prendre un bol d'air et de faire quelques petits exercices pour rester souple ; une balade pour toutes les générations.

Tous les enfants perdent une à une leurs dents de lait, et une géniale petite souris a l'habitude de venir échanger en secret chaque dent cachée sous l'oreiller contre une surprise.

Des phrases comme des images

Avoir bon pied, bon œil
Croquer la vie à pleines dents
Tomber dans les pommes
Avoir la pêche
Pousser comme un champignon
Ne pas être dans son assiette
À ta santé, à votre santé ! dit-on en levant son verre.

Certaines maladies sont saisonnières :

- À la fin du printemps, par exemple, l'allergie au pollen des fleurs donne le rhume des foins.
- L'hiver est la saison des rhumes, grippes et angines.

PLANÈTE LOISIRS

« Les loisirs ? c'est quand il n'y a pas d'école !
Le week-end, c'est le bon côté de la semaine,
on bouge et on s'éclate... de rire !
Pendant les vacances, des fois, je ne sais pas quoi faire. »

Alice 14 ans

"LEISURE ? THAT'S WHEN THERE IS
NO SCHOOL !
THE WEEKEND IS THE BEST PART OF THE WEEK.
WE CAN RUN AROUND AND HAVE GREAT FUN."

À quoi joues-tu ?

Delphine 10 ans

« Quand j'étais petite, j'aimais jouer à la poupée et à la dînette. À 8 ans, je préférais faire du patin à roulettes, sinon jouer à la marchande et à l'école avec mon frère. Je gagne toujours au jeu des 7 familles mais je perds au Monopoly. À la maison on a beaucoup de jeux de société.

À 9 ans, on garde des trésors, on aime la musique, les histoires et les bandes dessinées. On s'invite aux goûters d'anniversaire.

J'ai 10 ans maintenant, je chante dans une chorale et je continue ma collection de lapins.

À l'école, à la rentrée, on a un peu joué au diabolo pendant les récréations, mais j'aime mieux discuter avec mes meilleures amies. »

Quentin 13 ans

« À 8 ans, on joue aux petites voitures, à la bagarre et on fait du vélo. Mon papa jouait au train électrique avec moi. Depuis mes 10 ans, je fais du poney et du foot.

À Noël, j'ai eu un jeu électronique, mais c'est l'ordinateur que je préfère. J'apprends à jouer aux échecs. Quand il pleut, je classe mes timbres ou j'invite des copains. Mon grand-père m'a dit qu'à mon âge, il faisait des loisirs utiles : il lisait le dictionnaire en sautant de mot en mot.

Les vacances, c'est génial, on peut courir, skier, randonner et même faire des cabanes en bois pour jouer à cache-cache.

Le mercredi, je regarde un peu la télé et, l'après-midi, je vais chez le dentiste avant l'entraînement de foot. »

AND YOU ? WHAT ARE YOUR HOBBIES ?

Moi, je fais du théâtre — Et moi, du basket !

« Sur ma planète loisirs j'ai écrit : plaisir, liberté, détente. »
3 mots à jouer et à mettre en scène selon ses passions, son âge et ses moyens.
Aurélie 14 ans

Les centres de loisirs municipaux proposent un éventail d'activités : ateliers artistiques et manuels, clubs sciences et techniques (informatique, astronomie, géologie...), clubs nature, sportifs... Des musées animent des ateliers et des visites jeunes public. Les filles aiment la danse classique et ses entrechats comme les petits rats de l'Opéra, ou la danse moderne, le jazz, les claquettes... Les garçons sont plus attirés par les sports d'équipe autour d'un ballon ou à deux : tennis...

Pour se détendre, le jardin public, la piscine, la patinoire, le gymnase, le stade sont les lieux les plus fréquentés. Les champions s'y entraînent pour les compétitions. Tous les enfants aiment rencontrer ou inviter des camarades, écouter ou jouer de la musique mais aussi réserver des moments tranquilles à la lecture (on peut emprunter des livres à la bibliothèque) et aux collections... de timbres, par exemple. Cinéma, théâtre, cirque, concert, exposition... c'est toujours un événement. Les programmes sont publiés dans le journal ou à la mairie. Bon spectacle !

Public recreation centers offer a wide range of leisure activities. Everybody likes to get together or listen or play music.

Les vacances

Divertissement, Découverte, Dépaysement : à chacun son style
Elles se partagent avec les parents, les cousins, les copains ; pour certains, s'y ajoute un séjour en centre de vacances.

SUMMER HOLIDAYS ARE PLANNED TO BE SPENT WITH PARENTS, COUSINS, FRIENDS.

Aventure

Sac à dos, imprévus, enthousiasme, grand air, itinérant.

Détente

Farniente, mer, balades, soleil, menthe à l'eau, lecture.

Confort

Maison, habitudes, famille, grasse matinée, souvenirs d'enfance.

Écureuil

Job, responsabilité, budget, économies, études, projet.

Créatif

Musique, festival, groupe, liberté, artiste, bon temps.

Sportif

Énergie, sueur, muscles, performance, forme, baskets.

Une fois par an, des rendez-vous à ne pas manquer

• Le premier jour de l'été, le 21 juin, la musique est dans la rue.

• En juin, les scientifiques sortent de leur laboratoire pour expliquer leur passion de la recherche.

• Le livre, l'écriture et les écrivains sont à l'honneur au cours du mois d'octobre dans toute la France.

• Des lieux historiques célèbres ou méconnus ouvrent leurs portes pendant 2 jours en septembre et révèlent leurs secrets.

Des lieux exceptionnels d'attractions ont pour thème la science, l'histoire, la géographie, les héros

• Le Futuroscope de Poitiers est le Parc Européen de l'image : de quoi avoir des yeux comme des soucoupes !

• Le Mémorial de Caen met en scène l'Histoire du XXe siècle, il se veut le musée de la paix.

• Océanopolis à Brest est consacré à la mer.

• La Cité des Sciences et de l'Industrie à La Villette, Paris, présente les techniques du futur.

• La France Miniature est à Élancourt.

• Attractions : Parc Astérix, le célèbre petit Gaulois à la potion magique, Disneyland Paris, le paradis de Mickey.

En toute saison, rendez-vous avec la nature

Des sites naturels sont devenus des réserves où sont protégées les espèces devenues rares, par exemple certaines fleurs : les édelweiss, la gentiane, ou des animaux : le chamois, la marmotte, l'ours. « Les voyages forment la jeunesse », dit-on. À pied, voilà une façon naturellement simple de visiter une région par les sentiers de grande randonnée (GR).

> Occasions not to be missed :
> - Music, science and book festivals
> - Heritage days
> - Village fetes, town festivals, fairs
> - Special attractions of science, history, geography, about childrens' heroes.

Mille et une modernités

"The most amazing are the Channel Tunnel and the Pyramid at the Louvre. In France, the modern can be found right next to the old."

« Le plus génial,
c'est le train du tunnel sous la mer,
et la Pyramide du Louvre.
En France, les modernités sont à côté
des antiquités. »

Katherina 11 ans

Euréka !

Il y a toujours quelque chose à trouver ! Les inventeurs et les savants d'hier sont aujourd'hui ingénieurs, chercheurs, intellectuels. Les belles inventions internationales que furent l'électricité, la photographie, le cinématographe, l'automobile, le téléphone, la radio, la télévision nous ont changé la vie. Les progrès portent sur les technologies de pointe : l'électronique, l'informatique, les télécommunications, l'aérospatiale, la recherche médicale, l'énergie, l'environnement, les transports, les constructions. Le pont de Normandie, le tunnel sous la Manche, le TGV, Ariane, l'Airbus... s'inscrivent au palmarès de la France et de ses partenaires européens.

Les atouts de l'Hexagone
Grâce au dynamisme de son agriculture et de ses industries, la France fait partie du groupe des 8 pays les plus industrialisés du monde (le G8). Située au cœur de l'Europe, elle dispose d'espace et de tous les moyens de communication modernes. Rails, autoroutes, pistes d'atterrissage forment une gigantesque toile d'araignée, Paris au centre. Les liaisons télématiques sont multiples et performantes. Des grandes villes se sont engagées dans la course à l'innovation en créant leur « technopole ». Sur ce site d'avant-garde travaillent ensemble des industriels, des chercheurs et des universitaires pour inventer le futur.

Brevets d'invention et d'imagination

Des noms qui n'ont pas fini de faire parler d'eux sur la planète :

Georges Charpak et Pierre-Gilles de Gennes, deux géniaux chercheurs, prix Nobel de physique, 1991 et 1992.

Roland Moreno, inventeur de la carte à puce, ce petit rectangle plastique (carte bancaire, télécarte...) qui se trouve dans toutes les poches.

Luc Montagnier et l'Institut Pasteur ont identifié le virus du sida, ils cherchent activement à le combattre.

Daniel Cohen et son équipe sont en train de découvrir les mystères de l'hérédité humaine.

• Jean-Loup Chrétien est le premier Français à être allé dans l'espace en 1982. Depuis Patrick Baudry, Jean-François Clervoy et Jean-Jacques Favier l'ont suivi.

• À son tour, Claudie Haigneré s'est entraînée à la Cité des Étoiles en Russie pour son vol spatial. Cosmonaute, astronaute ou spationaute : trois mots (russe, américain, français) pour un même métier, masculin et féminin.

TECHNOLOGICAL SCIENTIFIC INVENTIONS... SOME OF THE MOST TALKED NAMES...

Ambiance des années 90

Agenda électronique
CD-ROM* ou cédérom
Codes barres
Fax - télécopie
Informatique
Instantané
Internet
Jeux vidéo
Lampes halogènes
Laser
Magnétoscope
Micro-ondes
Minitel
Mouchoirs en papier
Ordinateur portable
Papier recyclé
Post-it
Préservatifs
Radio FM
Surgelés et ultra-frais
Télécommandes
Téléphone sans fil
T.G.V.
Timbres autocollants

* **R**ead **O**nly **M**emory : lecture de ce qui est en mémoire uniquement.

La puce et l'écran :

L'idée de performance, de vitesse... de qualité de la vie est dans toutes les têtes. L'informatique, l'audiovisuel, les télécommunications sont entrés à la maison. Le portable, le jetable... le mini, le micro sont dans la poche. High tech se dit haute technologie ; design, c'est le style et l'innovation conjugués.

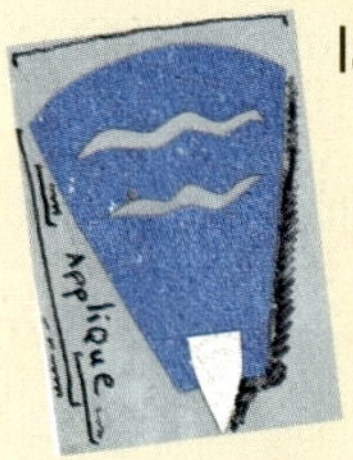

Cartes postales et lettres de noblesse

La France est d'abord connue pour ses parfums, ses créateurs de mode et ses chefs de cuisine. Pays d'art, d'art de vivre et d'architecture, elle est d'ailleurs le pays le plus visité du monde. La France c'est Ariane et Coco Chanel, c'est le Mont-Saint-Michel et la Grande Arche de la Défense : histoire et modernité.

The idea of performance, speed... and quality of life is in everyone's mind. Computers, audiovisuals, telecommunication are part of almost every household. A Country of art and fine living, France is the most popular place to visit in the world.

Coup de cœur et coup de chapeau à ces Français qui ont marqué l'Histoire et la Science.

Louis Pasteur met au point le vaccin contre la rage en1885. « Pasteuriser », action de détruire les germes par la chaleur, entre au dictionnaire (lait pasteurisé).

Les frères Lumière inventent le cinématographe en 1895.

Pierre et Marie Curie découvrent le phénomène de la radioactivité en 1898.

Eugène-René Poubelle impose aux Parisiens, en 1864, d'utiliser par mesure de propreté une boîte à ordures devant chaque immeuble. Un nom que l'on n'est pas près d'oublier.

Les frères de Montgolfier, industriels, inventent en 1783 les premiers ballons à air chaud : les montgolfières. Aujourd'hui les ballons servent aux études spatiales et météorologiques ou prennent leur envol pour le plaisir.

Jules Verne
imagine en 1865 un voyage dans l'espace intitulé De la terre à la lune. Une centaine d'années plus tard, en 1969, on marche sur la lune.

Nicéphore Niepce invente la photographie en 1826.

Nicolas Appert met au point, en 1822, un procédé de longue conservation des aliments en boîtes et en bocaux.

L'Aéropostale est devenue une véritable flotte aérienne. Le premier vol postal date de 1912. Les avions transportent le courrier la nuit et des passagers le jour. Parmi ses pionniers, saluons Mermoz et Saint-Exupéry.

Avis aux amateurs
Une idée, une invention peut être protégée pendant 20 ans en demandant à l'Institut national de la protection industrielle un « brevet d'invention ».

« La créativité française, c'est un "je ne sais quoi" de savoir, de savoir-faire et de système D. »
Jack

Hats off to the French who have marked history and science.

JUIN
Chez toi en France
En confidence...
La France est mon
pays d'enfance.
Et toi, quel est le tien ?
Geneviève Brame

Meda
CHARLES
HORTENSE
ALBAN
JIM
valentine
DEFENSE D'AFFICHER
Paul
Prune
petra
victoria
SARAH
Helen
MariKA
May
Noëmie
dominiQUE
PETER
MAX
Eléonore
Debra
ClARA
Jef
TOM
Merci à
…